Michael A. Braun

Warum hat sich die Europäische Union – entgegen eigener Erwartungen und Pläne – militärisch auf dem Balkan engagiert?

GRIN Verlag

Bibliografische Information der Deutschen Nationalbibliothek:

Die Deutsche Bibliothek verzeichnet diese Publikation in der Deutschen National-
bibliografie; detaillierte bibliografische Daten sind im Internet über http://dnb.d-
nb.de/ abrufbar.

Impressum:

Copyright © 2005 GRIN Verlag GmbH
Druck und Bindung: Books on Demand GmbH, Norderstedt Germany
ISBN: 978-3-640-18401-9

Dieses Buch bei GRIN:

http://www.grin.com/de/e-book/69560/warum-hat-sich-die-europaeische-union-
entgegen-eigener-erwartungen-und

Freie Universität Berlin

Hausarbeit

Warum hat sich die Europäische Union –

entgegen eigener Erwartungen und Pläne –

militärisch auf dem Balkan engagiert?

Abgabetermin: Montag, 25. Juli 2005

Michael A. Braun

Verzeichnisse

Inhaltsverzeichnis

Titelseite   I

Verzeichnisse   II
   Inhaltsverzeichnis   II
   Abkürzungsverzeichnis   III

1   Gegenstand und Gang der Untersuchung   1

2   Zivilmacht- oder Miltärmachtkonzept?   3

3   ESVP und GASP   5
   3.1   Das Wiedererwachen von 1990 bis 1997   6
   3.2   Meilensteine der Jahre 1998 bis 2000   7
   3.3   Entwicklungen ab dem Jahr 2001   8

4   EU-NATO- Kooperation   10

5   Die EU als Militärakteur auf dem Balkan   13
   5.1   Operation Althea / EUFOR   13
   5.2   SFOR / IFOR   14

6   Perspektiven für GASP und ESVP   15

7   Fazit und Zusammenfassung   19

Anhang
   Literatur- und Quellenverzeichnis   IV
   Thesenpapier des Referats vom 13. Januar 2005   VII

Abkürzungsverzeichnis

BiH	Bosnien-Herzegowina
EDA	European Defense Agency / Europäische Verteidigungsagentur
EEA	Einheitliche Europäische Akte
EG	Europäische Gemeinschaft
EHG	European Headline Goals
EPZ	Europäische Politische Zusammenarbeit
ER	Europäischer Rat
ESVI	Europäische Sicherheits- und Verteidigungsidentität
ESVP	Europäische Sicherheits- und Verteidigungspolitik
ESVU	Europäische Sicherheits- und Verteidigungsunion
EU	European Union / Europäische Union
EUCEN	European Sattelite Centre / Europäisches Satellitenzentrum
EUFOR	European Force / Europäische Truppe
EUMC	European Union Military Committee / Europäische Union Militärausschuss
EUMS	European Union Military Staff / Europäische Union Militärstab
EVG	Europäische Verteidigungsgemeinschaft
f. / ff.	folgend(e/er) / fortfolgend(e/er)
GASP	Gemeinsame Außen- und Sicherheitspolitik
IFOR	Implementation Force / Integrationstruppen
ISS	European Institute for Security Studies / Europäisches Institut für Sicherheitsstudien
N.N.	Name unbekannt
NATO	North Atlantic Treaty Organization / Nordatlantisches Verteidigungsbündnis
PSC	Political and Security Political Committee
SFOR	Stabilization Force / Stabilisierungstruppen
SHAPE	Supreme Headquarters Allied Powers Europe / NATO-Oberbefehlshaber in Europa
UN	United Nations / Vereinte Nationen (VN)
USA	United States of America / vereinigte Staaten von Amerika
WEU	Westeuropäischen Union

1   Gegenstand und Gang der Untersuchung

Wenn die Europäische Union (EU) seit den 1990ern außenpolitisch tätig wurde, so reagierte sie meist nur. Ereignisse wie die Balkankriege, eine durch Terror veränderte Welt und Auswirkungen der Globalisierung wurden nicht aktiv beeinflusst. Deshalb ist Europa vielfältig gefordert und muss, um Einfluss zu entfalten, mit einer Stimme sprechen. Wie folgend gezeigt wird, verwundert es nicht, warum hat sich die EU – entgegen eigener Erwartungen – auf dem Balkan engagiert. Spannend ist jedoch, wieso militärisch.

Die Balkan-Region stellte alle internationalen Akteure vor eine weitere Herausforderung – zusätzlich zum Ende des Ostblocks und des Golfkriegs. Im Verlauf des Konflikts nahmen die EU und ihre Mitglieder verschiedenste Rollen ein. So war man anfangs für Eindämmung und Konfliktbearbeitung; hinterließ jedoch den Anschein von Ineffizienz, Unentschlossenheit und des gänzlichen Scheiterns mangels Einigkeit und Motivation.

Unter dem Eindruck dieser 'Schmach' war die Geburtsstunde der Europäischen Sicherheits- und Verteidigungspolitik (ESVP) auf dem Kölner Gipfel ein Lichtblick. Mit einem Mal einigte eine Krise die sonst oft uneinigen EU-Mitglieder und zeigte die Notwendigkeit für ein gemeinsames Vorgehen auf. Europas Scheitern bei der Verhinderung und Lösung der Kriege sowie die Notwendigkeit, auf die Hilfe der Vereinigten Staaten (USA) angewiesen gewesen zu sein, zeigte, dass die EU eigene, verlässliche Sicherheits- und Verteidigungsstrukturen braucht. Die Europäer wollten so handlungsfähiger werden – gerade auch, um Konflikte in Europa selbst lösen zu können.

Ferner wuchs mit der stetigen Entwicklung der EU zu einer weltweit führenden Wirtschafts- und Finanzmacht auch die Notwendigkeit nach einer generell trag- und durchsetzungsfähigen Interessenwahrnehmung. Der Spruch 'Die EU ist ein wirtschaftlicher Riese – und ein politischer Zwerg.'[1] konnte und sollte nicht länger gelten. Dies gilt sowohl für die Regionen in Europa, als auch gegenüber anderen Großmächten, internationalen Institutionen und Organisationen sowie bei Konflikten, die EU-Interessen streifen.

Dabei soll jedoch nicht der Eindruck entstehen, dass jüngst erst die Frage der Europäischen Sicherheit aufkam. Sie war seit jeher ein vitaler Gedanke der Europäischen Idee. Aus der Handelsgemeinschaft sollte ein Verteidigungsgemeinschaft und letztlich eine Wertegemeinschaft werden. Warum die EU jedoch nun erst die Verteidigungsdimensi-

---

[1] Vgl. Renne (2004), S. 7

on, die das Militär als integralen Bestandteil seiner Außenbeziehungen, ja des gesamten Integrationsprozess', ansieht, angenommen hat, soll hier nun geklärt werden.

Die aktuelle Lage bettet die Gemeinsame Außen- und Sicherheitspolitik (GASP) in einen Prozess des Wandels und gewinnt an Bedeutung, da viele Krisen auf Europa zurückwirken. Dies ließ die Einsicht wachsen, dass frühzeitiges Handeln im eigenen Interesse ist. Deshalb sind die zaghaften Militäroperationen der EU Testmarken für ihre ESVP. Obwohl die Missionen in Bezug auf Umfang und Zeithorizont begrenzt sind, könnten sie dennoch Vorboten für ambitioniertere Projekte sein. Die Einsätze (am Beispiel der Operation Althea in Bosnien-Herzegowina - BiH) stellen deshalb einen Durchbruch für die ESVP der EU dar. Zum ersten Mal engagiert sie sich aktiv und bewusst für Sicherheit. Dies zeigt, dass sie fähig ist, geeignete auf aktuelle Fragen zu reagieren sowie sich um friedenssichernde Maßnahmen und Stabilisierung zu kümmern.

Die Operation Althea markiert seit Ende 2004 in Bezug auf Größe und Ambition eine neue Dimension der ESVP. Sie festigt damit den Anspruch der EU als primären europäischen 'Sicherheitsanbieter' – insbesondere auch mit Verantwortung für das Gebiet des Westbalkans. Der Unterschied zur Politik der EU vor 15 Jahren könnte dabei jedoch nicht größer sein: So sind sich die EU-Mitglieder heute einig und verfolgen das gemeinsame politische Ziel der Glaubwürdigkeit (Wille und Fähigkeit). Althea beweist dies und prädestiniert die EU – vielleicht – für größere und komplexere Operationen. Die These dieser Arbeit ist somit, dass das Engagement der EU eine logische Konsequenz der GASP und der EU-Integrationsentwicklungen seit Beginn der 1990er ist.[2]

Die Arbeit versucht diese Darstellung nachzuweisen und wird sie in einem Fazit nochmals erläutern. Dazu werden im Folgenden zuerst kurz die Konzepte der Zivil-/ bzw. Militärmacht umrissen. Anschließend werden Meilensteine der Entwicklung der GASP/ESVP seit 1990 beschrieben und es wird auf die EU-NATO (North Atlantic Treaty Organisation) -Kooperation eingegangen. Einer überblicksartigen Beschreibung der Operation Althea und ihrer Vorläufer folgt ein perspektivischer Ausblick für GASP und ESVP. Daran schließt sich das schon angekündigte Fazit an.

Anmerkung: Aus Gründen der Lesbarkeit werden stets männliche Bezeichnungen verwendet. Dies stellt keine Diskriminierung gegenüber Frauen dar. Ferner werden im Anhang Literaturhinweise der Autorenbezeichnung ‚N.N.'(Name unbekannt) zugesprochen. Trotz einiger Bemühung waren leider keine Namen der entsprechenden Autoren auffindbar.

---

[2] Die EU wird als abhängige, das Militär und der Balkan hingegen als unabhängige Variablen definiert.

2 Zivilmacht- oder Militärmachtkonzept?

Dass sich die EU zwischenzeitlich militärisch engagiert passt so gar nicht in das Bild, das Beobachter bisher von ihr hatten. Die EU ist keine 'Supermacht' – und will es selbst wohl auch nicht sein.[3] Stattdessen kann man davon ausgehen, dass die EU stets in der Tradition der 'Zivilmacht' sah und agierte; gar eine Zivilmacht aus Überzeugung war.[4]

Das Konzept der Zivilmacht wurde zu Beginn der 1970er von Francois Duchene einge-führt.[5] Diesem zufolge entsprach es viel eher der Natur der Europäischen Gemeinschaft (EG), als das Bild einer Supermacht bzw. einer neutralen Gemeinschaft von Staaten. Dennoch, obwohl der Begriff 'Zivil' auf einen friedfertigen Charakter dieser Gemein-schaft hindeutet, verspricht das Wort 'Macht' trotzdem die Fähigkeit und den Willen eigene Ansprüche durchsetzen zu können. Statt auf das Militär setzt die Zivilmacht je-doch eher auf die Verregelung und Verrechtlichung internationaler Beziehungen. Für sie gilt das Primat der Diplomatie und der sozioökonomischen Mittel.

So setzte die EU bisher in Krisen bevorzugt auf wirtschaftliche Anreize und weniger auf Sanktionen. Ziel war der Schutz der Menschenrechte, die Förderung der Demokratie sowie eine friedliche Konfliktprävention. Weil die EG[6] nach dem Zweiten Weltkrieg auf das Konzept einer Zivilmacht festgelegt war[7], wird ihr bis heute auch der Hut einer 'Friedensmacht' aufgesetzt.[8] Die Veränderungen, hin zum Akteur, der nicht nur Geld und gute Ratschläge präsentiert, sondern auch mit militärischen Mitteln (z.B. auf dem Balkan) präsent ist, stellt deshalb eine scharfe Wende in der EU-Politik dar.

Eine generelle Abkehr vom – selbst unterstützten – Leitbild der Zivilmacht erscheint jedoch nicht angebracht und kann auch nicht angenommen werden. Auch die Verbin-dung von militärischen Elementen mit dem Konzept der Zivilmacht scheint unter Be-rücksichtigung bestimmter Vorbehalte auch längerfristig realisierbar zu sein.[9] Zieht man EU-Verlautbarungen zu Rate, so wird klar, dass auch hier nicht von einem Widerspruch zwischen dem Zivilmacht-Konzept und dem Auf-/ bzw. Ausbau der ESVP ausgegangen

---

[3] Vgl. Dembinski (2002), S. 32 fortfolgende (ff.)
[4] Ebenda, S. 5ff. und S. 19 folgende (f.)
[5] Ebenda, S. 3f.
[6] Dieser Ausdruck schließt hier auch alle Vorgänger-/ und Nachfolgeorganisationen ein.
[7] Einerseits mangels der Möglichkeit mehr Verantwortung übernehmen zu können oder zu dürfen; ande-rerseits weil die Europäische Verteidigungsgemeinschaft (EVG) bereits vor ihrer Einführung scheiterte.
[8] Vgl. Ehrhardt (2003), S. 135-144
[9] Vgl. Jünemann (2002), S. 1ff. – Nicht die Verfügungsgewalt über Waffen ist entscheidend, sondern ihr Einsatz. Zu Verteidigungszwecken und als letztes Mittel in humanitären Krisen mag dies Sinn machen. Vollzieht sich jedoch ein Paradigmenwechsel, so kann man nicht mehr von einer Zivilmacht sprechen.

wird. Mehr noch: auch Solanas 'Lichtgeschwindigkeit' wird als dem eigenen Anspruch nicht abträglich angesehen.[10]

Allerdings unterscheidet sich eine klassische Zivilmacht sehr wohl von einer klassischen Militärmacht[11] – obgleich die EU z.B. auch die gewaltarme Lösung von Konflikten auf globaler Bühne und mit ihrer Hilfe für möglich hält. Dabei muss jedoch erwähnt werden, selbst wenn die EU eine klassische Militärmacht sein wollte; sie könnte es nicht, weil es ihr schlicht am dazu notwendigen Kriegsmaterial fehlt.[12]

Kann man deshalb nun Abschied nehmen von der 'zivilen Natur' Europas? Der Anspruch an die europäische Außenpolitik war bisher, dass sie Frieden und Entwicklung fördert. Internationale Konflikte sollten nicht militärisch, sondern sozioökonomisch gelöst werden.[13] Mit ESVP-Einführung könnte man jedoch eine Abkehr davon vermuten.

Dies ist allerdings falsch, wie die folgenden Kapitel zweigen. Zwar stellten sich insbesondere während der Krise der GASP infolge des Irak-Kriegs viele Beobachter die Frage, an welchem Leitbild sich die EU ausrichtet. Immerhin kann man annehmen, dass eine Voraussetzung für eine glaubwürdige GASP die Definition einer verbindlichen Leitstrategie ist. Da es bei allen Aktionen der EU um Interessenpolitik geht, sollte man sich somit genau überlegen, wie es um diese denn bestellt ist. Und nach Meinung von Beobachtern verblasste das Bild der 'Zivilmacht' jüngst zunehmend.[14]

Die Tatsache dass sich die EU mittlerweile auch entgegen früherer, eigener Pläne militärisch engagiert deutet jedoch darauf hin, dass man hier in letzter Zeit zumindest implizit ein Leitbild bzw. Vorstellungen davon definiert haben muss. Das Ergebnis sieht man seit Ende 2004 an der ersten großen Militäroperation der EU in BiH.

---

[10] Vgl. Jünemann (2002), S. 1ff. – Der Ausdruck 'Lichtgeschwindigkeit' ist nach Javier Solana zitiert.
[11] Vgl. Dembinski (2002), S. 3f. – Nämlich durch die Wahl der Mittel im entscheidenden Moment.
[12] Vgl. Jünemann (2002), S. 41ff.
[13] Ebenda, S. 41ff.
[14] Vgl. Rummel (2002), S. 453 - 471

3 GASP[15] und ESVP[16]

Die GASP, eines der drei zentralen EU-Elemente[17], bedeutet gegenüber der Europäischen Politischen Zusammenarbeit (EPZ) institutionell und inhaltlich eine deutliche Vertiefung; sie ist allerdings noch keine tatsächliche gemeinsame Außenpolitik der EU und ersetzt keinesfalls die nationale Außenpolitik der Mitgliedsstaaten. Ziel der GASP ist im Wesentlichen eine sich auf alle Bereiche der Außen- und Sicherheitspolitik beziehende gemeinsame Politik.[18] Die dazugehörige verteidigungspolitische Komponente sollte in Form der Integration der WEU in die EU eingebracht werden. Die GASP ist auf der Ebene der Regierungszusammenarbeit angesiedelt, wird jedoch zunehmend auf supranationale Organe der EU verlagert.[19]

Schon vor dem Hintergrund der Bürgerkriege im heutigen Ex-Jugoslawien[20] beriet die EU in den frühen neunziger Jahren über das Konzept einer Europäischen Sicherheits- und Verteidigungsidentität (ESVI). Dieses trug der Tatsache Rechnung, dass die USA ihr militärisches Engagement in und für Europa deutlich reduziert hatten; auf der anderen Seite aber trat die Notwendigkeit eines europäisch dominierten Instruments zur politisch-militärischen Krisen- und Konfliktbewältigung deutlicher zu Tage. Konkrete Schritte zur Ausgestaltung und Umsetzung der ESVI wurden vorerst jedoch kaum unternommen. Erst seit 1999 ist die ESVP aktiv, um im Rahmen der GASP Europas Handlungsfähigkeit im zivilen und militärischen Krisenmanagement sicherzustellen. Damit soll die ESVP in der Lage sein, internationale Organisationen wie die Vereinten Nationen (UN) zu stärken, indem die EU einen Beitrag zu Friedensmissionen leistet. Allgemein kann die ESVP als der Versuch der EU bezeichnet werden, ihren ohnehin schon breiten Politikansatz um zivile und militärische Fähigkeiten zur Konfliktbearbeitung zu erweitern.[21]

---

[15] Die GASP entstand aus der 1969/70 entwickelten und 1987 in der Einheitlichen Europäischen Akte (EEA) vertragsrechtlich institutionalisierten EPZ. Im Vertrag von Maastricht (Titel V) wurde die EPZ 1991 dann konkret zur GASP weiterentwickelt. Der Brüsseler-Pakt und die Westeuropäische Union (WEU) sowie die EVG bleiben hier unerwähnt.

[16] Die ESVP ist ein vom Europäischen Rat (ER) im Juni 1999 beschlossener gemeinsamer Politikbereich der EU, der der Konfliktverhütung und Krisenbewältigung in Europa dienen soll.

[17] Dies sind: Die EG, die GASP sowie die Zusammenarbeit in den Bereichen Justiz und Inneres.

[18] Vgl. REGIERUNGonline II (o.D.)

[19] Deren Grundsätze und Leitlinien werden halbjährlich vom ER festgelegt; im Rat der Außenminister wird dann die konkrete gemeinsame Außenpolitik abgestimmt.

[20] Dies galt insbesondere in Anbetracht des Krieges in BiH sowie des offensichtlichen Versagens der westlichen Staatengemeinschaft dabei.

[21] Vgl. Ehrhardt (2004), S. 154 – Zitiert nach Javier Solana.

Im Folgenden wird nun deutlich hergeleitet werden, warum sich die EU innerhalb von nicht einmal zwei Jahrzehnten vom 'reagieren' auf das 'agieren' verlegt hat.

3.1 Das Wiedererwachen von 1990 bis 1997

Ausgangspunkt für das neue außen- und sicherheitspolitische Bewusstsein der EU ist die Petersberger Erklärung vom 20. Juni 1992. Die getroffene Übereinkunft der WEU-Außen- und Verteidigungsminister ermöglichte es, Truppen für Kampfeinsätze und Blauhelm-Friedensmissionen zur Verfügung zu stellen.[22] Allerdings stellte die Erklärung zu Beginn nicht mehr als eine schöne Absichtserklärung dar, da zur vollständigen Einbindung noch der Rechtsbindungswille sowie die nationale Ratifizierung fehlten.[23]

So intensivierten die EG-Staaten vor dem Hintergrund des Übergreifens des Jugoslawienkrieges auf BiH 1992 ihre Bemühungen, den europäischen Beitrag zur internationalen Konfliktverhütung und Krisenbewältigung zu steigern. Dies umfasste auch Gebiete außerhalb des Bündnisgebiets (out of area) sowie die Idee einer 'europäischen Sicherheitsarchitektur'.[24] Grundlage hierfür bot der im Februar 1992 geschlossene Maastrichter EU-Vertrag. Dieser sah vor, die WEU zu 'reaktivieren' und als sicherheitspolitisches Instrument der EU auszubauen. Dessen ungeachtet sollte die NATO auch weiterhin die maßgebliche westliche Verteidigungsorganisation bleiben.

Nachdem die EG Mitte der 1990er mit ihren Bemühungen, den BiH-Konflikt durch humanitäre Hilfe und auf dem Verhandlungswege initiierte Waffenstillstandsabkommen einzudämmen, gescheitert war, wurden die NATO und damit die USA zum wichtigsten Akteur in der Region. Nach Inkrafttreten des Dayton-Abkommens sollte die EU – auch aus finanziellen Gründen – zwar wieder zu Hauptakteur werden, dennoch waren die USA in stärkerem Maße in der Lage, ihre Politiken durchzusetzen.

Erst der im Juni 1997 unterzeichnete Vertrag von Amsterdam[25] kann nach den Jahren – und schmerzlichen Erfahrungen – der Balkankriege wieder als Meilenstein der GASP bezeichnet werden.[26] Er sah ihre weitere Stärkung vor und befasste sich mit dem Aufbau einer gemeinsamen europäischen Verteidigungspolitik inklusive einer gemeinsamen militärischen Struktur (Ziel: ESVP). Dabei wurde auch die vollständige Integration der

---

[22] Besser bekannt unter dem Begriff 'Petersberger Aufgaben'. Vgl. Bundespresseamt (o.D.)
[23] Vgl. Gerteiser (2002), S. 54f.
[24] Vgl. Bundesministerium der Verteidigung (o.D.)
[25] Trat am 1. Mai 1999 in Kraft und mit Bezug auf den Maastricht-Vertrag oft auch Maastricht II genannt.
[26] Selbstverständlich abgesehen von der Unterstützung bei den Verhandlungen in Dayton und Paris.

WEU in die EU als mittelfristige Perspektive genannt. Hinzu kam, dass der weiteren Vertiefung der europäischen Integration erstmals auch die humanitäre Dimension der europäischen Partnerschaft stärker beachtet werden sollte (z.B. Flüchtlinge).

Der Vertrag von Amsterdam führte ein weiteres Instrument der GASP ein: die 'gemeinsame Strategie', in der der ER die grundsätzlichen Linie der Außenpolitik festlegt.[27] Gegenüber Drittstaaten wird die GASP von der sicht- und ansprechbaren Troika vertreten, der der jeweils amtierende Ratsvorsitzende und sein turnusgemäßer Nachfolger angehören sowie der neu geschaffene Hohe Beauftragte für die GASP, der in Personalunion als Generalsekretär des Ministerrates fungiert. Vor In-Kraft-Treten des Vertrags bestand die Troika aus dem amtierenden Ratsvorsitzenden, seinem Vorgänger und seinem Nachfolger, d.h., das die Außenpolitik vertretende Gremium setzte sich halbjährlich neu zusammen; durch den Hohen Beauftragten für die GASP sollte der EU-Außenpolitik Kontinuität, Geschlossenheit und Effizienz verliehen werden. Seit In-Krafttreten des Amsterdamer Vertrags gewinnt auch in der GASP das Mehrheitsprinzip an Bedeutung.[28]

3.2 Meilensteine der Jahre 1998 bis 2000

Neue Dynamik erhielt die ESVP durch die britisch-französische Erklärung von Dezember 1998 während des Gipfels in St. Malo; seit diesem Termin steht das 'Projekt ESVP' ganz weit oben auf der politischen Agenda. Besonders vor dem Hintergrund des Kosovo-Konflikts erhielt die in den Maastrichter und Amsterdamer Verträgen angelegte Option auf die GASP-Aufgabenerweiterung und die Integration der WEU neue Brisanz.

Auf ihrem Gipfeltreffen im Juni 1999, kurz vor dem Ende des Kosovo-Kriegs, beschlossen die EU-Staats- und Regierungschefs, der Sicherheits- und Verteidigungspolitik der EU größeres politisches Gewicht zu verleihen und politische und militärische Strukturen zu schaffen, die es der EU erlaubten, selbständig und unabhängig zu agieren. Während der Kölner Tagung verabschiedete der ER deshalb eine 'Erklärung zur Stärkung der ESVP'. Die EU-Mitgliedsstaaten bekräftigen darin den Willen und Anspruch, militärisch-politische Strukturen aufzubauen, die sie befähigen, auch unabhängig von den USA Konflikte und Krisen in Europa zu verhüten bzw. beizulegen.

Konkret standen neben diplomatischen Initiativen Maßnahmen wie friedensschaffende und friedenssichernde Einsätze bzw. Kampfeinsätze zur Krisenbewältigung im Vorder-

---

[27] Vgl. Poncelet (2004), S. 6f.
[28] Vgl. Vertretung der EU Kommission in der Bundesrepublik Deutschland in Berlin (2002), S. 6

grund. Zu diesem Zweck sollten auf Grundlage nationaler militärischen Fähigkeiten gemeinsame Militärstrukturen aufgebaut und die Integration der WEU in die EU forciert werden, ohne dass dadurch die transatlantische Bindung innerhalb der NATO negativ berührt wird. Als Organe der ESVP wurden die regelmäßigen Tagungen des EU-Außenministerrats, ein ständiges Gremium in Brüssel, ein EU-Militärstab, ein EU-Militärausschuss, ein Satellitenzentrum sowie ein Institut für Sicherheitsstudien geplant.

Ferner wurde der Prozess der Integration der WEU in die EU forciert und beschloss im Dezember 1999 auf dem Helsinkier Gipfel die 'European Headline Goals' (EHG). Diese sahen den Aufbau einer 50.000 bis 60.000 Soldaten starken 'Schnellen Eingreiftruppe' vor, die bis 2003 fähig sein sollte, die 'Petersberger Aufgaben'[29] zu erfüllen. Diese Krisenreaktionskräfte stellen seither den maßgeblichen militärischen Pfeiler der GASP.

Die Streitkräfte sollten in der Lage sein, ihre Truppen innerhalb von 60 Tagen an einen Krisenherd zu entsenden und über die Dauer von mindestens einem Jahr im Einsatz zu halten. Die Kontingente sollten nicht als stehende Armee bereitgehalten, sondern aus nationalen Verbänden der NATO abgerufen werden. Mit ihnen will die EU in Eigenregie in Krisen eingreifen, in welchen sich die NATO insgesamt nicht engagieren kann/will. In Krisenfällen soll entschieden werden, welche Staaten Soldaten entsenden.

Anfang 2000 begann die EU gezielt mit der Vorbereitung institutioneller ESVP- Strukturen[30] und auf ihrem Gipfeltreffen in Nizza im Dezember 2000 gründete sie dann tatsächlich als Planungsorgan das 'political and security political committee' (PSC), den EU-Militärausschuss (EUMC) und den EU-Militärstab (EUMS) als institutionelle Grundlage für gemeinsames sicherheitspolitisches und militärisches Handeln. Ferner erhielt die ESVP die Europäische Verteidigungsagentur[31] (EDA), das European Institute for Security Studies[32] (ISS) sowie das Europäische Satellitenzentrum[33] (EUCEN).

3.3 Entwicklungen ab dem Jahr 2001

Bereits auf dem ER in Kopenhagen bekundete die EU ihre Bereitschaft, unter Rückgriff auf NATO-Mittel und –Fähigkeiten 'die Führung bei einer militärischen Mission in BiH

---

[29] Frieden schaffende und Frieden sichernde Maßnahmen sowie humanitäre Aktionen in Europa – jedoch ausschließlich mit UN-Mandat.
[30] Vgl. Missiroli (2004), S. 65-86
[31] Die EDA soll den Kauf von Rüstungsgütern koordinieren sowie europäische Sicherheitsfragen aufarbeiten. Damit soll der langen Tradition von Doppelbeschaffung und Ineffizienz entgegengewirkt werden.
[32] Dieses Institut soll wissenschaftlich und unabhängig zu (europäischen) Sicherheitsfragen forschen.
[33] Das Zentrum soll den EU-Nationen gemeinsam, verlässlich eigene Aufklärungskapazität verschaffen.

in der Nachfolge von SFOR zu übernehmen'.[34] Für eine solche Operation ist die enge Abstimmung mit der NATO und den USA erforderlich. Die NATO-Außenminister haben deshalb im Dezember 2003 beschlossen, dass EU und NATO Konsultationen über eine mögliche EU-Mission in BiH aufnehmen werden.

Im März 2003 begann die EU im Rahmen der GASP ihren ersten gemeinsamen Militäreinsatz, und zwar übernahm sie von der NATO das Kommando über die internationale Friedenstruppe in Makedonien. Zugleich war sie in anderer Hinsicht außenpolitisch zutiefst gespalten: Im Irak-Konflikt setzten sich Deutschland und Frankreich im UN-Sicherheitsrat vehement für eine diplomatische, friedliche Lösung ein, während Großbritannien an der Seite der USA auf den Einsatz militärischer Mittel drängten.[35]

Auf dem ER im Göteborg im Jahr 2003 kam es, wie auch schon in Feira 2001, zu einer weiteren Stärkung der zivilen Aspekte der Krisenbewältigung.[36] Ferner wurde im selben Jahr die Europäische Sicherheitsstrategie verabschiedet. Diese basiert größtenteils auf einem von Javier Solana im Juni 2003 auf dem Thessaloniki-Gipfel vorgelegten Papier. Neben einer allgemeinen Analyse der weltweiten, politischen Herausforderungen enthält es zudem prinzipielle sicherheitspolitische Ansichten und Maximen.[37]

Obwohl die EHG bis 2003 quantitativ erfüllt wurden, bestehen (auch bis heute) qualitative Fähigkeitslücken.[38] Zur Beseitigung dieser wurde der 'European Capabilities Action Plan' erarbeitet. Er soll durch Koordination und Zusammenarbeit nicht nur unter militärischen, sondern auch wirtschaftlichen Gesichtspunkten nun die Defizite bis 2008 beseitigen.[39] Ferner wurde das 'EHG 2010' ins Leben gerufen, welches die noch ausstehenden aber notwendigen Verbesserungen gezielt umsetzen soll.[40]

Man kann somit festhalten, dass sich die Einstellungen und Planungen der EU seit Anfang der 1990er und insbesondere unter dem Einfluss der Balkankriege massiv verändert haben. Nur damit lässt sich erklären, warum die EU Ende 2004 die Führung einer Militäroperation, EUFOR (European Force) bzw. der Operation Althea auf dem europäischen Festland übernommen hat.

---

[34] Vgl. Bötel (2004), S. 2
[35] Vgl. Haine (2004), S. 41-64
[36] Ebenda, S. 41-64
[37] Vgl. Gareis, Europe's Common Security: Development, Status and Prospect, in: Gareis (2004), S.7ff.
[38] Vgl. Keane (2005) , S.89-103
[39] Vgl. REGIERUNGonline III (o.D.)
[40] Vgl. Poncelet (2004), S. 8

4   EU-NATO-Kooperation

Mit dem Zerfall der Sowjetunion und des Ostblocks entfiel der Hauptzweck, für die
NATO-Gründung. Die Instabilität der weltpolitischen Lage und die Entstehung neuer
Krisenherde (z.B. Balkan) veranlassten das Bündnis zur Entwicklung eines strategi-
schen Konzepts, dessen Grundzüge Ende 1991 beschlossen wurden. Neben einer deutli-
chen Verminderung der Streitkräfte sollte auf neue Gefährdungen schneller und flexib-
ler reagiert werden.[41] Hinzu kam, dass sich die NATO 1992 bereit erklärte, im Auftrag
der UN auch Frieden stiftende oder sichernde Aufgaben außerhalb ihres Hoheitsgebiets
(out of area) zu übernehmen, um dem Übergreifen von Konflikten auf NATO-Gebiet
vorzubeugen. Aus der Verteidigungsmacht NATO wurde somit eine Ordnungsmacht.[42]

Auf der Washingtoner NATO-Konferenz im April 1999 anlässlich ihres 50. Jahrestags
bereiteten die Mitgliedsstaaten den Weg für den Aufbau der ESVI.[43] Diese sollte sich
aus der WEU entwickeln und als militärischer Arm der EU zur zweiten Säule der
NATO werden. Als Konsequenz der Balkan-Konflikte beschloss der NATO-Rat
zugleich ein neues strategisches Konzept, das dem europäischen Teil der NATO die
Rolle des maßgeblichen Ordnungsfaktors auf dem Kontinent beimisst und der EU ein
von der UN unabhängigeres Out-of-area-Agieren erlaubt.

Jedoch auch die tatsächliche Zusammenarbeit zwischen der NATO und der EU ist rela-
tiv neu. So kann man erst ab dem Jahr 2000 von formalen Konsultationen sprechen.[44] In
deren Folge haben sich die beiden Akteure 2002/2003 auf ein abgestimmtes Vorgehen
hinsichtlich der westlichen Balkanstaaten geeinigt.[45] So plant man, von der Konfliktverhütung zur Konsolidierung der Stabilität überzugehen und einen Rahmen für einen verstärkten Dialog und die Gewährleistung einer engen Zusammenarbeit zu ermöglichen.
Ferner wurden Kernbereiche für die Sicherheit und Stabilität der Region vereinbart.[46]

Im Dezember 2002, das Gesamtpaket[47] wurde im März 2003 beschlossen, vereinbarten
EU und NATO in einer „Gemeinsamen Erklärung" eine enge Kooperation und den ge-

---

[41] Vgl. REGIERUNGonline I (o.D.)
[42] Erfolge hatte diese, insbesondere im Angesicht des Scheiterns der EU, während der Balkan-Kriege.
[43] Vgl. North Atlantic Treaty Organisation (1999)
[44] Vgl. Poncelet (2004), S. 11f.
[45] Vgl. Europäische Union (2003)
[46] Diese sind: Konfliktverhütung und Krisenbewältigung, Reform der Verteidigung und Sicherheit, Stärkung der Rechtsstaatlichkeit, Bedrohung durch Terrorismus, Grenzsicherheit und -kontrolle, Rüstungs-
kontrolle und Beseitigung von Kleinwaffen
[47] Wird auch 'Berlin plus' genannt und basiert auf einem 1996 in Berlin durchgeführten NATO-Treffen.

sicherten Zugang der Eingreiftruppe zu NATO-Ressourcen, so dass dem endgültigen Aufbau und baldigen ersten Einsatz der EU-Truppe nun nichts mehr im Wege stand. Die Partnerschaft (Berlin plus) kann als wichtige Grundlage für die weitere Handlungsfähigkeit Europas im Bereich der Sicherheit und Verteidigung angesehen werden.[48] So kann die NATO auf Erfahrungen beim Umbau und Einsatz von Streitkräften zurückblicken. Die EU hingegen hat wertvolle Erfahrungen im Bereich der Diplomatie und der Entwicklungshilfe, die man alternativ zum militärischen Weg einsetzen kann.[49]

Ziel der Zusammenarbeit ist es, mit Hilfe der jeweils geeigneten Organisation und der jeweils besten Reaktion einer entsprechenden Situation zu begegnen.[50] In Krisensituationen werden dazu die Kontakte zwischen beiden Akteuren intensiviert und gefestigt.

Nach Ansicht des Leiters des EU-Militärstabs[51] begründen sich die militärischen Fähigkeiten von NATO und EU mit denen ihrer Mitgliedsstaaten – und diese teilen ihre Armeen nicht in NATO und EU ein. Insgesamt geht es also eher um den gezielten Ausbau militärischer Fähigkeiten, so dass europäische Streitkräfte künftig den politischen Zielansprüchen von NATO und EU gerechter werden. Das bedeutet Abgestimmtheit, nicht jedoch Wettbewerb,[52] sowie die bestmögliche Verwendung verfügbarer Finanzen. Dazu muss jedoch angemerkt werden, dass die vorhandene Fähigkeitenlücke zu erkennen der eine Punkt ist, der andere jedoch haushaltspolitische Grenzen sind.[53] Dennoch, bei aller Kritik geben die EU-Staaten zusammengenommen jährlich rund 160 Mrd. EUR für ihr Militär aus. Das Wesentliche ist jedoch, dass dieses Geld oft ineffizient durch Doppelungen ausgegeben wird. Dies ESVP zielt deshalb auch darauf, Synergien zu nutzen.[54]

Die EU soll die NATO nicht ersetzen, sondern ergänzen und durch die strategische Partnerschaft das 'auf einander angewiesen sein' stärken. Die Vorteile der militärischen Zusammenarbeit ermöglichen auch, dass Mitgliedsstaaten, die beiden Bündnissen angehören, aus politischen und finanziellen Gründen ohnehin auf eine bessere Abstimmung zwischen NATO und EU achten werden. Man kann jedoch schon annehmen, dass die ESVP eine gewisse 'Emanzipation' gegenüber der NATO und den USA darstellt.[55]

---

[48] Vgl. North Atlantic Treaty Organisation (2002)
[49] Vgl. Poncelet (2004), S. 13
[50] Vgl. Wanken (2002), S. 200ff.
[51] Vgl. Vertretung der EU Kommission in der Bundesrepublik Deutschland in Berlin (2002), S. 15
[52] Vgl. Hunter (2004), S. 149 - 158
[53] Vgl. Ehrhardt (2004), S.152
[54] Ebenda, S.153
[55] Vgl. Kernic (2002), S.104

Allerdings ist die Rolle der EU für beide Seiten klar: Sie soll in Fällen, in denen die NATO nicht als Ganzes beteiligt ist oder sein darf, in der Lage sein, eigene militärische Operationen zu planen und erfolgreich durchzuführen. (Synergien/Erfahrungen nutzen)

Alleine aufgrund der Tatsache, dass dies- und jenseits des Atlantiks unterschiedliche Vorstellungen über die ESVI und den Stellenwert der ESVP vorherrschen, kann man wohl noch nicht folgern, dass ein direktes Konkurrenzverhältnis zwischen EU und NATO entstehen soll.[56] So kann man vor diesem Hintergrund auch die These aufstellen, dass keine Anzeichen erkennen lassen, wonach die EU auf eine militärische Groß-machtrolle abzielt. Die ESVP im Rahmen der GASP ist sicherlich kein Beleg für eine gewollte Konkurrenz zur NATO[57]; insbesondere auch in Anbetracht der ungleichen fi-nanziellen und technischen Ausstattung der Partner ...

Darüber hinaus kann man vielleicht eher davon ausgehen, dass die Sorgen um eine Konkurrenz zwischen der ESVP der EU und der NATO bzw. ihrem 'Hauptsponsor' USA nicht tatsächlich bestehen, sondern nur Ausdruck zwischenzeitlicher Spannungen auf anderen Gebieten sind.[58] Mit der ESVP wird Europa langsam militärisch zu dem Akteur, der es wirtschaftlich bereits ist. Über die Jahre kann man sich auf diese Weise vielleicht aus der noch immer bestehenden Abhängigkeit gegenüber den USA lösen und in die Rolle eines gleichberechtigten Partners hineinwachsen.[59]

Vor diesem Hintergrund lässt sich wiederum leichter nachvollziehen, warum die EU mittlerweile militärisch auf dem Balkan engagiert ist. Sie schafft es, nicht nur eigene Kapazitäten nutzen zu müssen, sondern kann auch auf NATO-Kapazitäten zurückgrei-fen. Dennoch, das Engagement scheint nicht ganz freiwillig eingegangen worden zu sein, da die USA offenbar ihren Rückzug aus BiH (damals aus der Stabilization Force – SFOR) angekündigt haben. Nichtsdestoweniger, die EU hat mit der Übernahme des im folgenden Kapitel näher beschriebenen EUFOR-Mandats die Weichen gestellt, um die wichtige europäische Säule der NATO zukünftig quantitativ besser und mit eigener Er-fahrung ausgestattet zur Verfügung stellen zu können.

---

[56] Vgl. Renne (2004), S.10
[57] Vgl. Wallace (2000), S. 475-493
[58] Namentlich Verwerfungen in Folge des Irak-Kriegs. Vgl. Renne (2004), S. 73
[59] Vgl. Brok, Europäische Verteidigungspolitik, in: Wogau (2003), S. 48ff.

5   Die EU als Militärakteur auf dem Balkan

Erste Erfahrungen mit der Leitung militärischer Einsätze sammelte die EU erfolgreich mit 'Concordia' in Mazedonien[60] und 'Artemis' im Kongo. Am bisher größten EU-Militärmandat, der Operation Althea,[61] wird nun exemplarisch deutlich, warum man sich – entgegen eigener Erwartungen und Pläne – militärisch auf dem Balkan engagiert. Man hatte keine andere Wahl …

5.1   Operation Althea / EUFOR

Nach ersten Diskussionen Ende 2003 fiel auf dem Istanbuler EU-Gipfel im Juni 2004 die politische Entscheidung der NATO, SFOR zu beenden. Zum 02. Dezember 2004 hat die EU dann die militärische Verantwortung für die Folgemission in BiH übernommen. Dazu fungiert der stellvertretende Oberbefehlshaber der Alliierten Streitkräfte in Europa als Kommandeur und das Supreme Headquarters Allied Powers Europe (SHAPE) als Hauptquartier.[62] Hierhin wurden Vertreter von EU-Mitgliedsstaaten entsandt, um dann via Neapel bis nach Sarajevo Operationen anweisen und durchführen zu können. Auch die personelle Führung liegt auf Basis von Berlin plus bei SHAPE im belgischen Mons. Die NATO ist zudem für die Verfolgung von Kriegsverbrechern verantwortlich.

Basis der SFOR-Fortsetzung durch die EU ist die UN-Resolution 1575 vom November 2004. Der Einsatz ist zunächst zwölf auf Monate veranschlagt (mit der Option auf Verlängerung) und es sollten sich laut Plan bis zu 7.000 europäische Soldaten beteiligen.[63] Die Übergabe der Mission dauerte ein halbes Jahr und verlief reibungslos.[64] Sollten zukünftig dennoch Schwierigkeiten auftreten, dann kann EUFOR auf Kräfte der NATO-Mission KFOR sowie gemeinsame Reservekräfte zurückgreifen.[65]

Als größte Herausforderungen werden aktuell soziale und wirtschaftliche Probleme, ein latentes Terrorismus-Risiko und die hohe nachrichtendienstliche Bedrohung angesehen. Allerdings ist aus deutscher Sicht militärisches Handeln dringend geboten.[66] Dies rechtfertige auch den Einsatz von Soldaten, da damit dem Schutz europäischer Interessen gedient sei. Dass diese jedoch noch lange nicht erreicht sind, stellte der Hohe Repräsen-

---

[60] Auch hier war die NATO bis zur Übergabe der verantwortliche Truppensteller.
[61] Griechisch: Die Heilende
[62] Vgl. Rodenbücher (2004)
[63] Vgl. Bundesministerium der Verteidigung (2004)
[64] Vgl. Rodenbücher (2004); Zitat von General R. Schuwirth, Chief of Staff SHAPE
[65] Vgl. Wundrak (2004), S. 3
[66] Ebenda, S. 9 – Diese Einschätzung kommt von der Bundesregierung und dem Deutschen Bundestag.

tant der EU, Javier Solana, fest. Laut seinem ‚the mission continues, until its achieve-
ment'[67] kann man sich noch auf eine gewisse Dauer einstellen. Die Gemeinkosten werden bis dahin über den Athena-Mechanismus[68] finanziert.

5.2 SFOR / IFOR

Auf Basis des Daytoner Friedensvertrags von 1995 sorgte anfangs die unter NATO-
Kommando stehende Implementation Force (IFOR) für die Einhaltung des Waffenstill-
stands.[69] Dieser wurde nach Beendigung des vierjährigen Bürgerkriegs zwischen den
verfeindeten Volksgruppen der Serben, Kroaten und Muslime geschlossen. Mit ihm
sollte wieder Frieden in der 1992 vom Bundesstaat Jugoslawien abgefallenen Teilrepu-
blik BiH einkehren. Zuvor war übergangsweise eine UN-Schutztruppe stationiert. Ende
1996 wurde auf Basis der UN-Resolution 1088 die aus NATO- und Nicht-NATO-
Soldaten bestehende IFOR durch SFOR ersetzt.[70] Diese bekam das Mandat, die militärischen Ziele Friedensvertrags durchzusetzen und löste IFOR völlig ab.

Die Aufgaben der ersten SFOR-Mission umfassten die Sicherstellung der von IFOR
geschaffenen öffentlichen Sicherheit, die Unterstützung ziviler Organisationen und vor
allem die Durchführung ihres Auftrags im Rahmen des Abkommens von Dayton (bzw.
später von Paris). SFOR hatte eine Stärke von 32.000 Mann aus 35 Nationen und stand
unter dem Kommando von SHAPE. Seit Mitte 1998 hatte SFOR ein UN-Folgemandat,
das die schrittweise Truppenreduzierung bis zum Abzug sowie die Rückübertragung der
Verantwortung auf die staatlichen Institutionen in BiH vorsah.

Somit hatte die EU nach und nach die sicherheitspolitische Regie über eine der insta-
bilsten Regionen Europas[71] übernommen. Dass dies im Angesicht einer für europäische
Augen bisher rücksichtslosen Durchsetzung eigener Interessen der USA im Kosovo-
Krieg geschah, spielt hier nur eine untergeordnete Rolle. Tatsche ist, dass sich die EU
wie beschrieben 1999 in Köln und Helsinki dazu bekannte, ihre konzeptionellen, technischen und institutionellen Bemühungen zum Aufbau einer GASP voranzutreiben. Dies
stellte offenbar den Wendepunkt zu einem heute aktiven militärischen Engagement dar.

---

[67] Vgl. Solana (2004) S. 2 – Frei übersetzt: 'Die Operation geht so lange, bis das Ziel erreicht ist.'
[68] Ein 'Gemeinschaftskonto' in das die Mitglieder entsprechend ihres Bruttoinlandsprodukts einzahlen.
[69] Vgl. Bundeswehr (o.D.)
[70] Der Deutsche Bundestag hat der deutschen Beteiligung bzw. Umnutzung der IFOR- in SFOR-Kräfte
am 11. Dezember 1996 auf Antrag der Bundesregierung zugestimmt. (BT-Drucksache 13/6500)
[71] Es ist ohnehin fraglich, ob der Balkan wegen seiner schieren Größe tatsächlich im gleichen Atemzug
genannt werden darf, wie z.B. das Bakenland in Spanien, die Nordirland-Frage oder die Insel Korsika.

6   Perspektiven für GASP und ESVP

Obschon sich die EU viel weiter entwickelte als vor Jahren denkbar – und von ihren Mitgliedern vielleicht gewünscht – scheint es künftig wichtig, die Handlungsfähigkeit noch weiter zu stärken. Dies betrifft vor allem militärische Mittel und Fähigkeiten[72] sowie die zivile Komponente[73]. Die Weiterentwicklung der ESVP bleibt für Europa von doppelter Bedeutung: einerseits als Garant für Sicherheit, Frieden und Stabilität auf dem Kontinent, und andererseits als Gradmesser der weiteren europäischen Integration.[74] Wenn die EU als globaler Akteur Einfluss ausüben will, dann ist Geschlossenheit gefragt. Der Druck, Reformen im Inneren voranzutreiben war nie größer; sind diese doch die unabdingbare Voraussetzung für ihre effiziente, künftige Handlungsfähigkeit.[75]

Die beschleunigte Entwicklung der GASP sowie die Ausbildung der ESVP zeigen, dass der Wille der EU in Richtung einer außen- und sicherheitspolitisch handlungsfähigen Union, einer Europäischen Sicherheits- und Verteidigungsunion (ESVU), vorhanden ist. Es scheint, als ob die EU-Staaten trotz vorerst gescheiterter EU-Verfassung wild entschlossen sind, international mehr durch Taten als durch Schecks erreichen zu wollen.[76]

Allerdings fehlt es hier noch an den materiellen und administrativen Voraussetzungen – und diese stellen ein zentrales Hindernis für eine glaubwürdige ESVP dar.[77] In dem Zusammenhang wird die Stärke – Qualität und Quantität – der USA oft als Grund für ihre militärische Überlegenheit angeführt, dies ist jedoch nur die halbe Wahrheit. Mindestens ebenso unsinnig sind mühsame und ineffiziente Wege in der EU für tragfähige Entscheidungen.[78] Trotzdem kann davon ausgehen, dass die EU künftig stärker versucht, ihrer Größe und Relevanz entsprechenden Einfluss geltend zu machen. Dies stellt keinen Affront gegenüber NATO/USA dar, sondern ist Ausdruck von 'burden sharing'.[79]

Von zunehmender Bedeutung wird auch, dass EU-Mitglieder künftig womöglich nicht mehr Geld für Verteidigung zur Verfügung stellen können/wollen. Dann bietet eine vertiefte ESVP besondere, positive Effekte. Sie schafft es, durch die Bündelung von Ressourcen, eine bessere Interoperabilität sowie durch Verbundprozesse, Kosten zu senken

---

[72] Im Falle Deutschlands denke man hier z.B. an die Beschaffung der Transportflugzeuge A400M.
[73] Anfänge dessen wurden auf den ER in Feira und Laeken gemacht.
[74] Vgl. Gerteiser (2002), S. 260ff.
[75] Vgl. Epping (2002), S. 90-111
[76] Vgl. Gramsch (2003), S. 200
[77] Ebenda, S. 203f.
[78] Vgl. Rodenbücher (2004)
[79] Vgl. Hunter (2002), S. 149 – 161 – Frei übersetzt: 'Lastenteilung'

und dennoch gut ausgestattete und trainierte Soldaten bereithalten zu können.[80] Dessen ungeachtet bestehen in der EU bereits große Defizite qualitativer (Ressourcenmangel), quantitativer (Anzahl von Soldaten), struktureller (Heterogenität Europas) und konzeptioneller Art (Definitionsmängel).[81] Man muss dabei allerdings auch erwähnen, dass die NATO ebenfalls nicht optimal ausgestattet ist. So fehlt es an strategischem Lufttransport[82], an Kommunikations- und Logistikkräften sowie an Aufklärungskapazität.[83]

Als weitere Herausforderung kann der Mangel eines stimmigen, visionären Konzept der ESVP für die neuen Herausforderungen des 21. Jahrhunderts gelten.[84] Um die GASP auch in Zukunft perspektivisch voranzubringen, bleibt es unumgänglich, ein tragfähiges politisches Leitbild (z.B. Zivilmacht, Friedensmacht oder Militärmacht) zu definieren. Dazu ist es notwendig, das Profil der EU zu bestimmen. Hinzu kommt, dass der Ansatz, sich nur auf Europa zu konzentrieren und die nur NATO zu unterstützen, nicht dauerhaft sein kann. Stattdessen ist es nötig, die eigene weltpolitische Rolle zu bestimmen. Politisch gewollt wird sich ein ESVP-Kriseneinsatz zunächst zwar eher auf Europa sowie die unmittelbaren Nachbarn beschränken; die Partnerschaft zur NATO wird jedoch weiter ausgebaut und gestärkt werden. Dabei sollte die Zusammensetzung der eingesetzten Einheiten jedoch stets den europäischen Charakter des EU-Einsatz' verdeutlichen. Letztlich soll die ESVP aber auch die klare Perspektive hin zu einer ESVU haben.

Hilfreich für ein solches Leitbild sind auch dringende – und zu beantwortende! – Fragen an die GASP wie z.B.: 'Wie viel Sicherheit soll bzw. kann die EU als Organisation für ihre Mitglieder leisten?' oder 'Wie weit kann oder soll die Autonomie von den USA gehen?' Die 'Europäische Sicherheitsstrategie für das 21. Jahrhundert' des ER Thessaloniki versuchte deshalb 2001 erstmals Antworten auf solch sensible Fragen zu finden.[85] Dazu wird z.B. eine globale sicherheitspolitische Verantwortung der EU anerkannt. Außerdem wird die Anwendung von militärischer Gewalt als letztes Mittel nicht ausgeschlossen. Seither wurde die Strategie kontinuierlich erweitert und man kann davon ausgehen bzw. zumindest hoffen, dass es nicht nur bei diesem einen mutigen 'Vorpreschen' bleibt, sondern der eingeschlagene Weg konsequent weiterverfolgt wird.

---

[80] Vgl. EIU ViewsWire (2004)
[81] Vgl. Renne (2004), S. 48 - 58
[82] Dieser soll bis 2008 als Teil der ESVP durch ein europäisches Lufttransportkommando gestellt werden.
[83] Vgl. EIU ViewsWire (2004)
[84] Vgl. Ehrhardt (2004), S. 153ff.
[85] Vgl. Solana (2003), S. 24 - 49

Es wird davon ausgegangen, dass die eingebrachte Initiative zur ESVU wichtige Voraussetzungen und Impulse für die Weiterentwicklung der ESVP gebracht hat und zu
einer verstärkten Zusammenarbeit führt.[86] Letztlich scheint es jedoch die entscheidende
Frage zu sein, wie die 'Kerneuropäer' tatsächlich gehen wollen und zu welchen (unwi-
derruflichen) Integrationsschritten sie bereit sind.[87]

Dazu erscheint es auch nötig, das Wissen in der EU-Bevölkerung zur militärischen Zusammenarbeit[88], wie auch Europa an sich[89], zu stärken. Hieran sollte in den kommenden
Jahren gearbeitet werden. Dennoch scheinen die Bürger, zumindest in Deutschland,
dem Einsatz des Militärs und einer ESVU ggf. als politisches Mittel positiv gegenüber
zu stehen.[90] Dies hängt wohl auch damit zusammen, dass seit den 1990ern die 'Graben-
kämpfe' zwischen 'Links' und 'Rechts', zwischen 'Krieg' und 'Frieden' nicht mehr in
diesem Maße ausgetragen werden. Stattdessen scheint sich die Erkenntnis durchgesetzt
zu haben, dass Europa sich selbst um seine Sicherheit selbst kümmern muss.[91] Dazu
wird manchmal angeregt, langfristig den Aufbau einer Freiwilligenarmee anzugehen.[92]

Momentan ist ein weitgehender Übergang von Souveränitätsrechten im Bereich der
ESVP an die Union zwar noch nicht feststellbar – ggf. weil Verteidigung das Kernstück
nationaler Souveränität ist[93] – es mehren sich seit 2003/2004 aber Stimmen, die ein noch
stärkeres Engagement der EU fordern. Zwar ist man mit Althea militärisch präsent, vier
europäische Staaten fordern jedoch die Einleitung einer neuen Phase mit mehr Dynamik
und Schwung: Sie fordern die Annahme des Konzepts der ESVU.[94] Ihrer Meinung nach
gibt es gibt viele gute Gründe für eine weitere sicherheitspolitische Integration der EU.[95]

Darüber hinaus kann man sich die Frage stellen, wo das Limit für eine Zusammenarbeit
mit Nicht-EU und Nicht-NATO-Staaten liegt. In den vergangenen EU-Missionen finden

---

[86] Vgl. Ehrhardt (2004), S. 156
[87] Ebenda, S. 158
[88] Vgl. Klein, Comparative Consideration of the Findings and Results in the National Surveys, in: Gareis (2004), S.107ff.
[89] Vgl. Gareis (2003), S. 39ff.
[90] Ebenda, S. 39ff.
[91] Vgl. Kernic (2002), S. 100ff.
[92] Vgl. Gareis (2003), S. 39ff.
[93] Vgl. Gerteiser (2002), S. 249ff.
[94] Vgl. Auswärtiges Amt (o.D.)
[95] Vgl. Ehrhadt (2004), S. 153 – Gründe für die Integration sind, dass sie finanzpolitisch durch erhöhte innerstaatliche Stabilität, wirtschaftlich durch Skaleneffekte, sozialpolitisch durch einen Streitkräfteum-bau, gesellschaftspolitisch durch erhöhte Akzeptanz, sicherheitspolitisch durch verbesserte Handlungsfä-higkeit, militärpolitisch durch breitere Zusammenarbeit, bündnispolitisch durch die Stärkung der NATO, transatlantisch durch ein – potentiell – verbessertes Verhältnis zu den USA, europapolitisch durch eine Identitätsstärkung und weltpolitisch durch die generelle Stärkung des Rechts vielfach Sinn macht.

sich beide Akteure. Doch wie werden sie künftig eingebunden und welchen Einfluss bzw. Welche Verantwortung erhalten sie in einer 'EU-Mission'?

In der Entwicklung der GASP/ESVP seit Beginn der 1990er erkennt man, dass die EU zwar zunehmend weltpolitisch tätig werden will; jedoch nicht im Status einer Militärmacht. Die EU hat deshalb mittlerweile durch ein modernes Verständnis von Sicherheitspolitik die Chance, den traditionellen Widerspruch von Zivil- und Militärmacht zu überwinden.[96] So könnte eine 'Friedensmacht EU' ein weder ausschließlich auf zivile Mittel setzender Akteur sein, noch würde sie wie eine klassische Großmacht Militärpolitik verfolgen. Das Friedensmacht-Konzept beschreibt deshalb einen internationalen Akteur, der über alle Mittel verfügt und diese zur Vorbeugung/Lösung rasch einsetzt.

Bei genauer Betrachtung der ESVP erkennt man an vielen Stellen schon Ansätze für ein solches Konzept. Um jedoch nicht nur Lippenbekenntnisse zu machen, muss der Weg konsequent weiter gegangen werden. Zumal die EU aus verschiedenen Gründen ohnehin keine andere Wahl hat. Der Weg zur reinen Zivilmacht bleibt angesichts des komplexen und schwieriger werdenden Umfelds ebenso versperrt, wie der Weg zur Militärmacht. Hier fehlen den EU-Mitgliedern aber sowohl der Wille, als auch die Finanzen. Somit scheint das Konzept der Friedensmacht der einzige gangbare Weg zu sein.[97] Im Lichte dieses Ansatz' kann man das militärische Engagement der EU auf dem Balkan auch bewerten. Zwar scheint es nicht altruistischer Natur zu sein (Sicherung der eigenen Unions-internen Stabilität), dennoch weißt es deutlich Züge einer Friedensmacht auf.

Letztlich kann man die aufgezeigten Entwicklungen der GASP / ESVP jedoch als logische Konsequenz der seit den 1990ern vollzogenen Beschlüsse sehen. Die GASP der EU hat tatsächlich große Fortschritte gemacht.[98] Legt man die oben beschriebenen Ansätze daneben, dann sollte man in den kommenden 15 Jahren ebensolch starke Veränderungen nicht wundern. Der Wille zu noch mehr Verantwortung und Integration ist da.

---

[96] Vgl. Ehrhardt (2004), S. 160f.
[97] Ebenda, S. 161
[98] Vgl. Thym (2004), S. 5-22

7   Fazit

Der frühere US-Außenminister Henry Kissinger brachte vor Jahren (sinngemäß zitiert) ein Problem der EU auf den Punkt: 'Ich würde gerne mehr mit Europa zusammenarbeiten. Doch wen soll ich anrufen?' Zum Glück ist diese Zeit vorüber, denn dem Willen nach einer stärkeren GASP sind Taten gefolgt. So wandte sich UN-Generalsekretär Kofi Annan wegen der Intervention im Kongo direkt an den Hohen Vertreter der EU, Javier Solana. Allerdings bleibt trotz der seit 1999 aktiven ESVP Einiges zu tun. Der Konvent mahnte im Juni 2002, dass 'Nur eine starke und geeinte Union die internationalen Entwicklungen beeinflussen und wirksam für die europäischen Interessen eintreten kann'.[99]

In diesem Zusammenhang darf man auch nicht vergessen, dass EU-Missionen momentan massiv auf die Unterstützung der 'großen' Mitglieder bauen, da die EU selbst über keine militärischen Fähigkeiten verfügt. Darüber hinaus fehlt es bei komplexen Fragen an der nötigen Kommando- und Führungsfähigkeit. Dies wiederum führt dazu, dass man noch oft die NATO 'ins Boot holt'. Die Operation Althea intensiviert aber die EU-NATO-Zusammenarbeit und verdeutlicht, wohin die Zusammenarbeit gehen kann.

Auch zeigt Althea, dass die EU mit ihrer ESVP über ein Mittel verfügt, dass eine Verbesserte Willensbildung für den konkreten Einzelfall darstellt. Ein Scheitern der EU wie Mitte der 1990er auf dem Balkan mangels gemeinsamen politischen Willens und der Fähigkeit Entscheidungen herbeizuführen und umzusetzen scheint unwahrscheinlicher. Insofern könnte man der EU unterstellen, das Konzept der Friedensmacht umzusetzen.

Allerdings bleibt die Frage, wie weit die EU 'im Ernstfall' tatsächlich gehen würde offen. Die bisherigen Operationen, bedingt durch die Zusammenarbeit mit der NATO und auf Basis schon bestehender Mandate, können als nicht besonders herausfordernd bezeichnet werden. In diesem Licht betrachtet ist die EU somit noch jungfräulich …

Trotzdem, die EU ist – entgegen eigener Erwartungen und Pläne – militärisch auf dem Balkan aktiv geworden. Sie hat seit 1990 eine beispiellose Entwicklung von unsicheren und vielleicht auch ziellosen 'Koloss' zur schlagfertigen Union zurückgelegt. Besonders die Eindrücke der Balkankriege scheinen die EU-Mitglieder so nachhaltig beeindruckt zu haben, dass sie seit 1997 bis 1999 das Tempo in Richtung ESVP massiv erhöhten. Und die nächste Stufe stellte 2004 die Übernahme der Verantwortung für Althea dar.

---

[99] Vgl. Vertretung der EU Kommission in der Bundesrepublik Deutschland in Berlin (2002), S. 24

Wie in den vorangegangenen Kapiteln dargestellt mag der Trend der EU zu mehr Autonomie in Bezug auf Sicherheit und Verteidigung heute vielleicht nicht so stark gefordert
werden, wie zu Zeiten des Kosovo-Kriegs. Dennoch, die erkennbare Annäherung ein-
zelstaatlicher hin zu gemeinsamen außenpolitischen EU-Meinungen, die Fokussierung
auf die Petersberger Aufgaben sowie die Errichtung spezieller EU-Institutionen und
Mechanismen sind ein deutlicher Ausdruck des Voranschreitens der ESVP.

Ferner darf man sich jedoch wohl auch keiner Illusion hingeben: Die USA würden der
EU heutzutage im Angesicht ihrer eigenen neuen globalen Strategie sicherlich ohnehin
mehr Verantwortung zumuten. Deshalb erscheint die gestärkte und sich noch weiter
stärkende ESVP auch aus dieser Sichtweise nicht nur gewollt, sondern notwendig.

Zusammenfassend kann man nochmals festhalten, dass die EU aus zahlreichen Beweg-
gründen heraus selbstständig militärisch auf dem Balkan aktiv wurde. Die Unterschei-
dung in externe und interne Faktoren scheint deshalb angebracht. Unter erste fallen die
katastrophalen Eindrücke der Balkan-Kriege und der mehr oder weniger starke Druck
der USA nach mehr Eigenständigkeit in der Frage der europäischen Sicherheit. Unter
letzte kann man die Unions-internen Wünsche nach einer sinnvollen und verantwortli-
chen Weiterentwicklung der EU und einem bewussten Einsatz der ESVP subsumieren.

Die EU-Mitglieder sind heute einig und verfolgen das gemeinsame politische Ziel der
Glaubwürdigkeit (Wille und Fähigkeit) ihrer Aktionen. Althea beweist dies und prädestiniert die EU auf längere Sicht – vielleicht – für größere und komplexere Operationen.
Dieses EU-Engagement ist Konsequenz der GASP und der EU-Integration seit Beginn
der 1990er. Vielleicht bringt es darüber hinaus auch die Befürworter einer ESVU weiter. Vor diesem Hintergrund darf der Beobachter gespannt sein, wie sich die EU mit
ihrer GASP/ESVP künftig weiterentwickelt und wie erfolgreich EUFOR in Aktion ist.

Anhang

Literatur- und Quellenverzeichnis

Auswärtiges Amt (o.D.): o.v., *Gemeinsame Erklärung Deutschlands, Frankreichs, Luxemburgs und Belgiens zur Europäischen Sicherheits- und Verteidigungspolitik*, Brüssel, Internet [11.03.2005]: http://www.auswaertiges-amt.de/www/de/ausgabe_archiv?archiv_id=4385

Bundesministerium der Verteidigung (2004): o.V., *Mandat Althea*, www.bmvg.de, Berlin, Internet [09.03.2005]: http://www.bmvg.de/C1256F1200608B1B/Print/N268RHP7849MMISDE

Bundesministerium der Verteidigung (o.D.): o.v., *Europäische Sicherheits- und Verteidigungspolitik*, Verlag Bachem, Köln 2004

Bötel (2004): Bötel, F., *Althea folgt SFOR*. Bonn: Intr@net aktuell. o.D. Intranet der Bundeswehr [09.03.2005]

Bundespresseamt (o.D.): Overweg, H., *Deutschland und die Europäische Union – Gemeinsame Außen- und Sicherheitspolitik*, Gebr. Garloff, Magdeburg 2001

Bundeswehr (o.D.): o.v., *Kurzgeschichte Balkan*, www.bundeswehr.de, o.O., Internet [11.03.2005]: http://www.einsatz.bundeswehr.de/einsatz_aktuell/eufor/geschichte/index.php

Dembinski (2002): Dembinski, M., *Kein Abschied vom Leitbild 'Zivilmacht' – Die Europäische Sicherheits- und Verteidigungspolitik und die Zukunft Europäischer Außenpolitik*, HSFK-Report 12/2002, Hessische Stiftung für Friedens- und Konfliktforschung, Frankfurt 2002

Ehrhardt (2003): Ehrhardt, H., *Die EU, die ESVP und das neue Sicherheitsdilemma*, in: WeltTrends, Jahrgang 11, Heft 38

Ehrhardt (2004): Ehrhardt, H., *Abschied vom Leitbild ,Zivilmacht'? Konzepte zur EU-Sicherheitspolitik nach dem Irak-Krieg*, aus: Varwick, J. (Hrsg.) et al, Neues Europa – alte EU? Fragen an den europäischen Integrationsprozess, Verlag Leske Budich, Opladen 2004

EIU ViewsWire (2004): o.V., *EU politics: If NATO cannot deliver as a credible force, how can EU?*, EIU ViewsWire, New York, 14.06.04, ProQuest Datenbank [12.06.2005]

Epping (2002): Epping, V., *Rechtliche Rahmenbedingungen der Gemeinsamen Außen- und Sicherheitspolitik der Europäischen Union*, in: NZ Wehrrecht, Heft 3, Bonn 2002

Europäische Union (2003): o.V., *Abgestimmtes Vorgehen der EU und der NATO hinsichtlich der westlichen Balkanstaaten*, Pressemitteilung der EU (Nr.: 11605/03) vom 29. Juni 2003, Brüssel 2003

Gareis (2003): Gareis, S. / Klein, P., *Europas Sicherheits- und Verteidigungspolitik – Einstellungen und Meinungen in der deutschen Bevölkerung*, SOWI-Arbeitspapier 135, Sozialwissenschaftliches Institut der Bundeswehr, Wehrbereichsverwaltung Ost, Strausberg 2004

Gareis (2004): Gareis, S. et al, *Europe's Common Security – Attitudes and Opinions in France, Germany and Italy*, Forum International – Band 26, Sozialwissenschaftliches Institut der Bundeswehr, Wehrbereichsverwaltung Ost, Strausberg 2004

Gerteiser (2002): Gerteiser, K., *Die Sicherheits- und Verteidigungspolitik der Europäischen Union - Rechtliche Analyse der gegenwärtigen Struktur und der Optionen zur weiteren Entwicklung,* Europäische Hochschulschriften, Verlag Peter Lang, Frankfurt 2002

Gramsch (2003): Gramsch, C., *Europa auf dem Weg zu einer gemeinsamen Sicherheits- und Verteidigungspolitik – Eine juristische Analyse der Europäischen Sicherheits- und Verteidigungspolitik (ESVP) im Lichte der Beschlüsse von Köln bis Laeken,* Eigenverlag, Bonn 2003

Haine (2004): Haine, J., *Eine historische Perspektive,* in: Gnesotto, N. (Hrsg.), Die Sicherheits- und Verteidigungspolitik der EU, Institut für Sicherheitsstudien der EU, Paris 2004

Hunter (2002): Hunter, R., *The European Security and Defense Policy – NATO's Companion or Competitor?,* RAND National Defense Research Institute, Arlington 2002

Jünemann (2002): Jünemann, A. / Schörnig, N., *Die Sicherheits- und Verteidigungspolitik der 'Zivilmacht Europa' – Ein Widerspruch in sich?,* HSFK-Report 13/2002, Hessische Stiftung für Friedens- und Konfliktforschung, Frankfurt 2002

Keane (2005): Keane, R., *European Security and Defence Policy - From Cologne to Sarajevo,* in: Global Society, Issue 19/1, o.O.2005

Kernic (2002): Kernic, F. et al, *Public Opinion on European Security and Defense – A Survey of European Trends and Public Attitudes Toward CFSP and ESDP,* Studies for Military Pedagogy, Military Science and Security Policy, Band 7, Verlag Peter Lang, Frankfurt 2002

Missiroli (2004): Missiroli, A., *ESVP – Wie es funktioniert,* in: Gnesotto, N. (Hrsg.), Die Sicherheits- und Verteidigungspolitik der EU, Institut für Sicherheitsstudien der EU, Paris 2004

North Atlantic Treaty Organisation (1999): o.V., *Washington Summit Communiquè,* NATO press release of 24. Apr 99, Brüssel 1999

North Atlantic Treaty Organisation (2002): o.V., *EU-NATO Declaration on ESDP,* NATO press release of 16. Dec 02, Brüssel 2002

Poncelet (2004): Poncelet, J., *NATO and the EU: The muscles of Brussels need greater coordination,* in: NATO School Polaris Qarterly, Volume 1, Issue 3, Autumn 2004, Oberammergau 2004

REGIERUNGonline I (o.D.): o.V., *Die Rolle der Nato,* www.bundesregierung.de, o.O. Internet [31.03.2005]: http://www.bundesregierung.de/e-magazines-c44576p13220cde1/print

REGIERUNGonline II (o.D.): o.V., *Die Europäische Sicherheits- und Verteidigungspolitik,* www.bundesregierung.de, o.O. Internet [31.03.2005]: http://www.bundesregierung.de/e-magazines- c09576p4567324cde1/print

REGIERUNGonline III (o.D.): o.V., *Die militärischen Fähigkeiten der ESVP,* www.bundesregierung.de, o.O. Internet [31.03.2005]: http://www.bundesregierung.de/e-magazines-c7785jfnfg886k81/print

Renne (2004): Renne, B., *Die Europäische Sicherheits- und Verteidigungspolitik zwischen Anspruch und Wirklichkeit - Probleme und Perspektiven der EU-Eingreiftruppe unter besonderer Berück-*

sichtigung ihres Verhältnisses zur NATO-Response Force, Hamburger Beiträge, Institut für Friedensforschung und Sicherheitspolitik an der Universität Hamburg, Hamburg 2004

Rodenbücher (2004): Rodenbücher, C., *EU definiert erstmals gemeinsame Fähigkeiten im Rüstungsbereich.*. Bonn, 2004: Intr@net aktuell. Intranet der Bundeswehr [09.03.2005]

Rummel (2002): Rummel, R., *From Weakness to Power with the ESDP?* in: European Foreign Affairs Review, Stranton 2002

Solana (2003): Solana, J.,*A secure and Europe in a Better World: European Security Strategy*, Brüssel, Internet [18.07.05], www.iss-eu.org/solana/solanae.pdf

Solana (2004): Solana, J., *Launch of the EU 'Althea' operation in Bosnia-Herzegovina*, press release of the EU High Representative for the Common Foreign and Security Policy, Sarajevo 2004

Thym (2004): Thym, D., *Reforming Europe's common foreign and security policy*, in: European Law Journal, issue 10/4, 2004

Vertretung der EU Kommission in der Bundesrepublik Deutschland in Berlin (2002): Vertretung der EU-Kommission in der Bundesrepublik Deutschland in Berlin, *Die Gemeinsame Außen und Sicherheitspolitik der Europäischen Union*, vwd, Eschborn 2002

Wallace (2000): Wallace, W., *The transformation of the EU and NATO*, in: International Affairs, Issue 76/3, o.O. 2000

Wanken (2002): Wanken, M., *Der Handlungsrahmen der Europäischen Union im Bereich der Sicherheits- und Verteidigungspolitik*, 1. Aufl., Nomos Verlagsgesellschaft, Baden-Baden 2002

Wogau (2003): Wogau, K. von (Hrsg.), *Auf dem Weg zur Europäischen Verteidigung*, Verlag Herder, Freiburg im Breisgau 2003

Wundrak (2004): Wundrak, J., *Weisung Nr. 1 – Beteiligung der Bundeswehr an der EU-Operation ALTHEA und am NATO-Hauptquartier Sarajevo in Bosnien-Herzegowina (BIH)*, Bundesministerium der Verteidigung, Bonn 2004

Politikfelder:

Die Beziehungen zum Westbalkan - 13. Januar 2005

Grundlagen

a) Begriffsdefinitionen & Eingrenzung

b) Sicherheitsrisiko (Kriminalität & Flüchtlinge) & Versagen der EU

Der Stabilitätspakt

06/99: G8-Gipfel in Köln - Verabschiedung des „Stabilitätspakts für Südosteuropa"

Teilnahme von 40 Staaten und internationale Organisationen (u.a. USA, Russland, Japan, Weltbank, IWF etc.)

Ziel des Pakts: Stabilisierung der Region

EU übernimmt führende Rolle

Klare Zusage an Westbalkan-Staaten für Perspektive allmählicher Integration in euroatlantische Strukturen

Der Stabilisierung- und Assoziierungs-Prozess (SAP) - Wichtigste Daten:

05/99: SAP von der Europäischen Union ins Leben gerufen

2000, Feira: Gipfel des Europäischen Rates - SAP- Staaten werden zu potentiellen EU-Mitgliedern erklärt

11/00, Zagreb: Besiegelung des SAP durch die Zustimmung der Region zu einer klaren Reihe von Zielen und Bedingungen

06/03, Thessaloniki: Gipfel des Europäischen Rates: Von Stabilisierung zu Assoziierung: Der Balkan wird zum integralen Bestandteil der EU erklärt

2004: Veränderte Rahmenbedingungen nach der EU-Ost-Erweiterung

Funktionsweise SAP

Zwei komplementäre Zielsetzungen:

Stabilisierung und Wiederaufbau (kurz- und mittelfristig) - Überwindung der unmittelbaren Kriegsfolgen

Modernisierung und Heranführung an EU (mittel- und langfristig) - Stärkung der Assoziierungs- und Europafähigkeit der Länder

Wichtigste Instrumente des SAP

(1) CARDS-Hilfsprogramm

(2) Asymmetrischer Abbau von Zollschranken (Feira 2000)

Vier Phasen des SAP:

SAP-Teilnahme - Voraussetzung ist die Erfüllung politischer Konditionalität für die SAA-Verhandlungsaufnahme

Stabilisierung- und Assoziierungs- Abkommen (SAA) - Verpflichtung zu formaler Assoziierung mit EU

Implementierung des SAA (Bedingung für die Erreichung des Kandidatenstatus)

Finalität der EU-Vollmitgliedschaft

Regionale Herausforderungen

Verfassungspolitische Unsicherheiten

Demokratische Konsolidierung

Sozialökonomische Entwicklungsprobleme

Fähigkeit zur Übernahme des „Acquis"

Kritik und Evaluierung der Instrumente

Europäische Perspektive

Handelsmaßnahmen

CARDS

Defizite des SAP

Fazit

Akzeptanz und Reformanreiz

Balkan-4 erfüllen EU-Kriterien erst in 10-20 Jahren

nach Erweiterung politisch größere, finanziell geringere Handlungsspielräume

Zu rascher Übergang von Stabilisierung auf EU-Annäherung

SAP stärker auf entwicklungspolitische Prioritäten der Nachzügler ausrichten

Literaturangaben:

- Altmann, F.-L., Der Gipfel EU - westliche Balkanstaaten in Thessaloniki: zurück zur Realität, in: SWP-Aktuell 26, Juli 2003, S.1-8.
- Axt, H.-J.: Vom Wiederaufbauhelfer zum Modernisierungsagenten. Die EU auf dem Balkan, in: Aus Politik und Zeitgeschichte 10-11/2003, S. 18-26.
- Biermann, R., Stabilitätspakt und EU-Balkanpolitik: Von der Stabilisierung zur Integration?, in: Integration 25 Jg.,3, 2002, S.210-225.
- Calie, M.-J.: Der Stabilisierungs- und Assoziierungsprozess auf dem Prüfstand. Empfehlungen für die Weiterentwicklung europ. Balkanpolitik, SWP 9/2004. S. 1-35.
- Daianu, D. / Thanos V. (Hrsg.): Balkan Reconstruction, London 2001.
- Missiroli, A.: The EU and its changing neighbourhoods: stabilisation, integration and partnership, in: Partners and Neighbourhoods, Chaillot Paper 64, 2003.
- Timmermann, H. / Aleksandar, J. (Hg.), Europas Tragik. Ex-Jugoslawien zwischen Hoffnung und Resignation, Münster 2003.
- Van Meurs, K., Der Balkan – von Stabilisierung zu Integration, in: Volle, A. und Weidenfeld, W. (Hg), Der Balkan zwischen Krise und Stabilität, Bielefeld 2002, S.79- 88.

Internetquellen:

- www.iss-eu.org/esdp/09-dvl-am.pdf
- http://europa.eu.int/comm/external_relations/see/actions/sap.htm
- http://europa.eu.int/comm/external_relations/see/fyrom/index.htm
- http://europa.eu.int/comm/external_relations/see/bosnie_herze/index.htm
- http://europa.eu.int/comm/external_relations/see/fry/index.htm